日本居住福祉学会

居住福祉ブックレット

10

精神科医がめざす近隣力再建

進む「子育て」砂漠化、はびこる「付き合い拒否」症候群

中澤正夫
Nakazawa, Masao

東信堂

はじめに

子どもの犯罪が多発している。新聞を開けばこの手の記事が載っていない日は無い。いまや慣れてしまって、並みの犯罪ではだれも驚かない。これを書いている現在（平成一八年四月）でも岐阜県中津川市で中学二年（一三歳）の女の子がパチンコ店空き店舗内で首を締められ殺されている。犯人は一五歳の少年で二人は同じ中学出身を中心とする遊び仲間であった。少年は殺意を認めているが動機はまだ不明である。起こったのが一九日、六日後の新聞ではもう三面の四番目扱いという小記事になっている。実は殺人を例にとれば、子どもの殺人は統計では、戦後をピークにして徐々に減ってきているのであるが大人を驚かしているのは次の点である。

①普通の子である。
②若年化している。

③動機が曖昧・希薄である。

④考えられ得ない相手が被害者になる。

⑤全国どこでも同じように起こる。

どの事例をとってもかつてのような札付きの非行子どもではなく、おとなしい、目立たない子であり、いくら聞いても相手を殺すに足る十分な動機が見つからない、被害者は親しい友であったり、教師であったりする。スラム地区・低所得者居住区などという地域に多発しているわけでない。しかも一四－五歳という若さである。なぜ大人社会が動揺するかというと、殺しに至らなくともその予備軍になりそうな子どもがまわりに、時には我が家にもいるからである。いまや、さまざまな非行・引きこもり・反抗などと無縁な子どもはいない。もうひとつの原因は発達しすぎたマスコミが事件発生後一時間足らずのうちに全国にニュースを届け、ライブでフォローするからである。だから浮き足だってしまうのである。かつては、この手の事件が起きても全国に行き渡るまでには何日もかかり、これほどセンセーショナルに報道されなかった。

マスコミの取り上げ方はともかく、「最近の子どもはおかしい！」のは確かである。筆者は四半世紀余、都心の精神科外来で子どもたちの心の変化を見続けてきている。いろいろな問題を抱えた子どもが次々とやってくる。それを継時的に、いわば定点観測していたことになる。子どもの

「心の変化」は大きく分けると次の二つである。「現実と非現実の区別がつかなくなってきている、あるいは峻別できる年齢が晩くなっている。」「自分の情動をセルフコントロールする力が弱くなっている。」

子どもが健全に育つにはたくさんの要素が関係している。親の養育、交友関係、教育、あらゆるものがそろってうまくかみ合うことが必要である。しかし、確かなことは「子育て―子育ち」ということは「群れの文化」であるということである。個人から個人へ（たとえば、親から子へ）引き継がれる知識や技術では不十分であるということである。しかもその群れはヘテロジーニアス（異質な個人の集まり）であること、豊かな「試行錯誤」が許されるものでなくてはならない。その役割を引き受けていたのが近所・近隣社会であった。

子どもの心が激変していく過程はそのまま、近隣を喪失していく歴史と重なる。子育てを考えるとき、近隣という豊かな涵養林がスポっと抜け落ちたミッシングリンクになっていることに気がつく。昨今は、積極的に、近隣形成を拒否して生きる傾向がますます強まっている。そのため、近隣を拒否しなければ生きられない施策を推し進めている当の政府だけでなく、どんな政党もこぞって「暮らしやすい街づくり、ふるさと再生」の旗をふりまわしているという奇妙さである。

このブックレットでは、まずヒトが人間という社会的存在化するためにはどんなプロセスが必要かについて述べる。次いで、その中で住まい方（近隣形成）がどんな役割を果たしてきたのか、近隣という群れを失った結果、子どもにどんな歪み・欠落が生じたかに触れる。新しい近隣造りがだれによって、どのように試みられているか、それは代替品として役立ちそうかへと論を進めたいと思う。

二〇〇六年六月

著　者

目　次／精神科医がめざす近隣力再建：進む「子育て」砂漠化、はびこる「付き合い拒否」症候群

精神科医がめざす近隣力再建
──進む「子育て」砂漠化、はびこる「付き合い拒否」症候群

一、ヒトはどんな動物か――比較生物学から見た「ヒト」

ヒトと動物の違いについてはさまざまなことがいわれている。「道具をつくる」「言語を持つ」「高い知能」「火を使う」「社会を造る」などは相対的な違いであることがわかってきている。最近の霊長類学によれば「家族」を持つのはヒト以外ないという。「家族」の定義は「父親のいる、親密な番《つが》いと子どもの群れ」である。しからば「父親」とは何か？　外敵から群れを守る、食餌を取ってくる、子育てに参加する、の三条件を果たすオスであるという。なべて動物には「父親」がいないのである。ひるがえって今のわが国の「父親」にあてはめてみると残念ながら多くは失格（?）である。「ヒト」はまた父親が父親として長続きする（ペアーの固定）ために必要な特異な性生活を持っている。それは生殖と性行為が分離していることであり、いわゆる「発情期」が無いことである。いったん成熟すれば一年中性行為が可能なのである。他の動物には無いことである。その他いろいろと「違い」が挙げられるが、このブックレットと強く関係のある点は次の三つである。

（1）「ヒト」は生理的早産児である。
（2）特異な攻撃性を持っている。
（3）「子どものころの心」を死ぬまで持ち続ける。

1　生理的早産とは

ヒトは離巣類である。離巣類とは生まれてくる赤ちゃんが親と同じ格好をしている動物である。赤ちゃんは生まれるとすぐに歩き母親のおっぱいを飲み、餌を採ることが出来る。馬や羊を考えてもらえばよい。反対は就巣類で鳥のように生まれた時は親と似ても似つかぬ形（卵）をしており、一人前になるまで親の長い庇護がいる。人間の赤ちゃんは親と同じ格好をして生まれてくるのに、歩くことも、母親のおっぱいを探すことも出来ない。何一つ出来ないのである。これは「満期安産児」であっても、生物学的には二九〇日の早産児だからである。ヒトは直立二足歩行することにより大きな頭（脳）を持つことが可能になったが、一方骨盤が狭くなり、本来の満期までお腹の中にいると産めなくなってしまったのである。もし、満期までいたら生まれるやすぐに歩き、母のおっぱいまで自力でたどり着くはずなのである。生れおちても生きていくための一切を他力（親）まかせ、ようやく一二ヶ月で歩き手づかみで食べる。垂れ流しが終わるのに（決められたところに排泄するのに）二―三年かかり、自らエサを採ってくるまでには一〇年以上かかる（最近は三〇歳でも出来ない人もいる）。この異様に長い母親を中心とした手厚い庇護のあり方（扱い方、注ぐ愛情の多寡・性質、母以外の参加、それらの刻々とした変化など）はその子どもの基本的な性格（「こころのありよう」といったほうがよい）を決める。この時期、ゆったりと愛された経験が無いと、母になって子どもを生んだとき「愛し方」がわからなくなる。

2　特異な攻撃性とは

すべての動物は他の生物（動植物）をエサとする。そのため他の動物を捕捉して殺し食べる。しかし、同属同士は決して殺し合わない。雌を争い、食物を争い、闘争し傷つけ合うが、優劣がはっきりすると負けたほうはサインを出す（多くは、一番弱い腹部を見せる）そうすると勝っているほうの攻撃本能は自動的に止まってしまう。トドメを刺すことは決してしない。そのようにDNAにインプットされているのである。同属同士の争いでトドメをさしてしまうのはヒトとチンパンジーだけである。よく知られているハヌマンラングーンという猿の嬰児殺しは、群れをのっとった新しいオスが群れの赤ちゃん猿を殺すものである。そうすることにより、メスの発情を促し、結果的に、血が純化する（近親婚をさける）のを防ぐうまく出来た仕組みと考えられる。

人間にはこのように殺しの本能が生来備わっている。そのまま放置すればデビルになるのである。殺しのメカニズムが発動しないよう、発動しても途中で止まるよう、生まれた時から始まって、養育・保育・教育の中で、人を殺めることの非なることが教え込まれる。それは、人のあるべき姿（倫理・道徳）として、この世の中で生きていくに不可欠なあるべき市民像（社会的存在）として語られ身につけさせられていく。それだけにとどまらず、誤った場合、刑罰が用意され、さらに宗教（悪事を働けば、地獄に落ちる・天国にいけない）まで動員される。このように、各種のストッパーが後天的に、重層的に、総合的に用意されてもこの世から殺人が消えたことは無く、人類の歴史は集団殺人（戦争）の歴史であった。ヒトとはかくも凶悪な火種を抱えた罪深いサルなのである。友情や連帯、助け合い、思いやりという気高い心を持ち、理想に燃える素晴らしいサルと罪深いサルの二種類いるのでなく、混合比は違うが同じ人の心の中に二匹のサルが同居しているといったほうが正確であろう。

3 生涯、「子どものこころ」を持ち続ける

ヒトは子どものころ耽《ふけ》っていた空想や夢、それを可能にしている豊かな感受性・想像力・興味を生涯持ち続けることができる。当たり前のように思うかもしれないがヒト以外の動物は成長すれば生きるために必要な現実的な思考・行動以外は無くなってしまう。ヒトは苦しい現実・労働の中でも非現実的な夢や空想や感性を持ち続けている。そのことがどれだけ人の生涯を豊かにしているか計り知れない。その代わり空想と現実を取り違える可能性をも一生ついて回るのである。あとで述べるごとく空想と現実を峻別する強靱なカベが出来ていることが前提である。出来ていても酒や薬物に溺れると、強靱さは容易に低下してしまうのである。

二、現実とは何か

昨今、私たちの日常生活の中でも現実と非現実の区別が次第に難しくなっている。現実とは触ったり、見たり出来るものなどと素朴に考えているとひどい目にあう。触って、折ってみないと本物かどうかわからない造花は、今は当たり前である。ホームページは、いつもはどこにあるのだろう。触ることも見ることも出来ない、呼び出したときにのみわかるが、確かに存在しているのである。宇宙にあるブラックホールは光さえ吸い取ってしまうので目で見ることは出来ない。周辺の空間の歪みを計測することによりその存在を知る。見えなくても存在するものがあるのである。そこで「現実」とは何かが難しくなり、その定義はわれわれの生理的感覚になじまないものになってきつつある。

電脳時代の哲学者、マイケル・ハイムは著書『仮想現実のメタフィジックス』（田畑暁生訳、岩波書店）の中、どんなにヴァーチャル・リアリティが進んでもこれだけは残るという「現実」中の現実を三点挙げている。

①生あるものは必ず死す（命の一回性）、

②時間の過去への繰り込み（時間の一回性）、そしてこの二つを知っているので、

③「生きるということ」は結構苦しいことだ、である。

人は自分の生命が有限であり、今日という日は二度とこないことを知って生きているゆえに、いかに生きるべきか……の悩みから逃れられないのである。ところがこの三つの現実も（子どもたちは）怪しいのである。

香山リカ氏は著書（『いまどきの「常識」』岩波新書）の中で次のような統計を紹介している。二〇〇四年長崎県と兵庫県でそれぞれ三、〇〇〇人規模の小中学生を対象とした「生と死」に関する意識調査である。長崎県では「死んだ人が生き返ると思いますか」の問いに「はい」と答えたのは一四・七％（小四）、一三・一％（小六）、それが中二になると、なんと一八・五％にふえている。兵庫県では「人は死んでも生き返れるか」という問いに対して、小五から中二までの一〇％が「生

き返る」、一三%が「多分生き返る」と回答。さらに「自分は死ぬと思うか」との問いに一六%が「死なない」「多分死なない」と答え、「自殺はよくない」と回答した人は小五が約八〇%なのに、中二は約六〇%に低下する。この二県の調査で見る限り小・中学生の約二割が「死んでも生き返る」「自分は死なない」と思っていることになる。恐ろしいことに小学生より中学生のほうが余計信じているのである。

私は自著（『フツーの子の行方』三五館、『子どもの凶悪さのこころ分析』講談社+α文庫）の中で、現実と非現実の区別があやしい！ことを強調してきた。人は心の中で現実と非現実（空想・夢・虚構……）を同居させて生きている。むしろ虚構（小説や映画など）を生活の楽しみにして生きている。しかし、現実は現実、虚構は虚構としっかり分けていて、空想や虚構を行動化することは無い。現実と非現実を区別する、薄いが強靱なカベが六―七歳ころまでに出来上がるからである。そのカベの出来方がだんだん晩くなり、かつ粗悪になっていることを著書の中で強調してきたのであるが、上記の統計はそれを裏づけたことになる。一〇年ほど前、ある雑誌社が行った調査（小学生）でも「命とは」という問いに「シャープペンの芯のようなもの」という答えが目に付いた。「か細くてすぐ折れてしまう」と解釈したいが、ダントツ一位の答え（電池と同じ）に重ね合わせてみると、別な意味を考えざるを得なかった。電池は使えば終わる、のでは無く「終わったら取り替えればよい」と考えている可能性が高いからである。現実中の現実、命の一回性、死生観がこの程度なら、刺し殺すことが起こっても不思議ではない。

(1)ヒトは命の一回性をどうやって学ぶのか

人が命の一回性、死とは何かを学ぶのは理念学習ではなく、自分の実物体験によって学ぶのである。蛙や蛇を殺すことによって、ヤギをつぶして食べることにより、ペットの犬や猫が死んで生き返らないのを見て、親切だった隣の小母さんが、正月にお年玉をくれたおじいちゃんが息を引き取り焼かれて骨になるのを見て知るのである。これらの実物体験は数多くいらない。死を見、かかわることによって理屈ではなく、すぐにわかるのである。

(2)それを学ぶ場所は近隣だった

かつて近隣には子どもが捕まえられる小動物・昆虫などがいっぱいいた。今は農村でも耕地整理・三面コンクリート水路・農薬の大量散布で虫や小動物は影をひそめ、見かける鳥はカラスとスズメだけである。二―三軒で共同してヤギや牛を絞めて肉や内臓を分けるという習慣は無くなり、パッケージされた食材(肉)となってスーパーから購入してくる。自宅で死ぬ人は無くなり、人は病院で死ぬ、そして斎場へ屍体は直行である。臨終のとき家族の看取りの時間は少なく、子どもが参加することは稀である。トラウマを与えたくない……が親の言い分である。社会全体がレジャーランド化し、四苦（生老病死）は徹底的に隠されている。普通に生活していれば、子どもが「死を学習する場」はいまの社会には無いのである。

一方、子どもたちが熱中するゲームの世界では、ヒーローは生き返り、輪廻転生し、失敗（死ぬ）すれば、リセットボタンで「現実」は初めに戻ってしまうのである。

（3）牛肉と牛がつながらない

すべての食材は食べるばかりになって発達した流通に載って食卓まで運ばれる。自分の手で食材造りをすることは無いし、子どもがそれを見ることも無いと奇妙なことが起こる。牧場の牛を見て「かわいい」という同じ子どもが、ステーキ用の肉を見て「おいしそう」というのである。生きている牛と牛肉とが感覚的につながらないのである。つまり、人が生きていくということは他の動物の命を奪い食っていることだ……という自覚が飛んでしまうのである。それを感覚的につなげるためには、動物を絞めて食材にするという体験がいる。その体験の機会が極めて乏しい。特別なセッテングがいる。たとえば関西学院中等部では夏休みの無人島キャンプのとき、各班に一羽の生きた鶏が渡される。最後にそれを絞めて食べるのである。父兄から来る非難に対して学校側は次のように応えている。「他の動物の命を奪って食わなければ生きていけないのは、人の業です。同じ食べるなら食材になったものでなく、命を奪うことを通して、人の業の深さと餌になってくれた動物への感謝を学ばせたい。それが出来るのは、日本ではキャンプのときだけです。」

アメリカでも親許をはなれての長期の夏休みキャンプに参加させられる。そこではさまざまなサバイバル・スキルが教えられる。当然、動物を殺して食べることも体験する。こんなスペシャル・メニューなど無くても五〇年前の日本ではどこでも体験出来たのであり、現在も東南アジア諸国では「日常茶飯事」である。今の子どもはこんな初歩現実が学べないので不幸なのである。こうなったのは子どもの責任ではなく、大人の責任である。子どもは物質的豊かさ・効率・能率・快適さのみを追求する社会の犠牲者なのである。

三、近隣力――近隣は豊かな子育ての涵養林であった

1　住まい方の変化をたどる

日本人の住まい方の変化を一言でいえば「共同して使っていたものを自家に取り込み専有化する」歴史である。

子ども同士が隣の家で遊び、食事をし、泊まってしまう。長く不在にするときは、隣にペットを預け、鍵を預け留守中の見回りを頼んだのはいつごろまでであったろう。我が子も隣の子も同じように、悪いことをすると叱り、良いことをすると褒めたのはもっと昔である。高度経済成長

が始まり、農業基本法が制定され、人口の都市集中（労働力集中）が始まった七〇年代から日本人の住まい方が大きく変化したことは間違いなさそうである。それは各家庭に三種の神器（TV・冷蔵庫・洗濯機）が備わった時期でもあるし、少子化が固定化した時期とも重なる。

住むために共同使用していたものとは、まず「井戸」である。上下水道がまず家の中に引き込まれた。このことで、洗濯や大きなものを洗うために不可欠であった共同の井戸がまず不要になった。「井戸端会議」といわれるごとく、ご近所の日常的な出会い・集まり・情報交換の場が失われた。洗濯は洗濯機で、大きなものはクリーニング屋へ、である。次いで井戸端以上に交流の場であった銭湯がなくなった。各家庭で風呂・シャワーをつけたからである。裕福な家や商店にしかなかった電話はすべての家庭に行き渡り、毎日の買い物（食料・雑貨）で近くの馴染みの商店を回ることはなくなり、マイカーで出かけ一週間分スーパーで仕入れ、冷蔵庫で保管するようになった。遠くに勤めている人だけでなく、主婦さえ、普段生活をするのに「隣の家」や「隣のお店」は無くてもやっていけるのである。最後まで共有していた空き地や原っぱ——子どもたちの自由な天地は宅地開発で消滅していった。

かくして「近隣」とは、我が家の隣・近所ではなく我が家の私的電話帳に載っている範囲を指すようになった。「近隣」は空間を飛び越えた概念になってしまったのである。それを象徴的に示しているのが高視聴率を取り続けているTVシリーズ「渡る世間は鬼ばかり」である。内容は身内・親戚の確執ばかりであるがそれ以上に注目すべきことは、隣・近所が一切出てこないということである。このドラマの主舞台、ラーメン屋の「幸楽」、割烹「おかくら」の隣近所のことが映ったことがない。それなのに人気があるのはわれわれの生活が同じようになっている(近隣は意識外にある)ということであろう。ちなみに、終戦直後の国民的人気ラジオドラマは「向こう三軒両隣り」であった。

ここ一〇年ほどは、「近隣」の概念はもっと変化している。携帯・パソコンによってますます物理的空間を飛び越え、全国化・グローバル化してしまっている。隣の家など我が家に直接迷惑がかからない限り「異国の人」であり、日常的には意識もしない。その代わり、隣から苦情が来ないように腐心し、なるべく「無臭性」を装う。

住むことが極めて便利になったのはだれでも認めるがそれと引き換えに失ったものの大きさについて総論的に論じられるが、いまだ各論的に、具体的に突きつけられるところまではいっていない。建てられる住居は相変わらず、近隣から引きこもる――引きこもっても暮らせる仕様になっている。大きな高価なマンションほどこの傾向が強い。同じ建造物の中にいながらお互いの電話番号を秘し、外からの人に対しては何重ものセキュリティー・チェックがかかる。近隣形成を拒否するこの住まい方はすっかり我が国に定着してしまっている。

2 情動のセルフコントロールの低下——近隣は子育て砂漠になってしまった

最近の子どもの変化について、「現実と非現実の区別があやしい」ことはすでに述べた。それ以上に目立ち、顕在化しつつあるのは、「自分の情動をコントロールする力が落ちている」ことである。そもそも子どもは自分の情動をセルフコントロールすることをいつ、どこで学ぶのであろう。これ以上殴ってはいけない、ここで止めておこう、ここでは折れて仲直り……などは親や教師が教える以上に、そして子ども同士群れの中で学び合うものである。だが、いま子どもの群れがあるだろうか？　なるほどサッカー、野球などのチーム、学習塾はある。しかしこれは同じ目的に向かって進む、競争集団である。躾《しつけ》も克己も人格の陶冶も試合や試験に負けないため——自分だけが勝つためにある。

子どもが自分の情動をセルフコントロールする（これこそ、人になること、社会的存在化の基礎である）ことを学ぶのは年齢・体力・性格の異なった子どもたち（一部大人も入ってよい）からなる群れの中である。仲良しグループである必要は無い。喧嘩もする、いたずらもするで、よい。大切なことは効率よく一度で身につかせようとしないこと、試行錯誤が許される群れであることである。殴り合っても怪我をさせない……そのときは年長者が強引に止める、逆に制裁を与える……そういう機能を内包する群れの中で「人を傷つけてもトドメをさしてはいけない」ということを体で覚えるのである。同様に「折れること」「耐えること」「妥協すること」「(ことばで)主張すること」「協力すること」など情動のセルフコントロールの基礎が養われるのである。かつてならこれらの群れは日常的に存在し、子どもに任された地域行事や近隣総出の祭りや労働に参加することで強化されていったのである。今はこの種の機能を担う群れがすっぽりと無くなっている。近隣形成を拒否する生き方と少子化により、キレル(情動コントロールの下手な)子どもが大量生産されているのである。

3　知恵高くともキレル

人は約一四〇億個の神経細胞を持って生まれてくる。外からの刺激によりその神経細胞から神経線維が出ていって他の神経細胞と結びついて神経回路を造る。人の運動や行動はもちろんすべての精神活動はこの回路が担当している。たとえば記憶(記銘・貯蔵・呼び出し)を担当しているのはPapezの回路（海馬―脳弓―乳頭体―乳頭体視床束―帯状回―海馬を結ぶ回路）と考えられる。情動コントロールの回路、意志力の回路、感性の回路、判断の回路、理性・道徳の回路……すべての精神活動は回路が担当しているのである。問題はその回路が発達する「至適年齢幅」があるということ、そしてひとつの回路をいくら太くしても他の機能を代替できないということである。獲得できない回路があると大人になってから、その人のひどい「欠陥」となって露呈してくるのである。

話をわかりやすくするために知力の回路と意志力（情動コントロール力も入る）の回路を取り上げよう。どちらも発達させるに一番適している年齢は似ている。どちらかといえば意志力のほうが早く発達する必要がある。知力の獲得にも強い意志・情動の安定が必要であるからである。少なくとも小学校入学くらいまでに「教室に座っていられる、決められた規則は守る」くらいの基礎が出来ていなくてはならない。現代の子どもの育て方を見ていると意志力の訓練より早く、知力の向上が優先されている。知力の回路がどんなに強化されても意志力の回路形成不全をカヴァー出来ないのである。大人になってから意志力を強化しようとしても遅く、効果が無い。知力を活用してその場、その場は切り抜けても、ここ一番という正念場で大学生やエリートサラリーマンが潰れるのはこのせいである。家庭での躾《しつけ》を基礎に、保育園年長組辺りから小三くらいまでへテロジーニアスな群れの中でもまれることが無いから、いまや「子育て―子育ち」はミッシングリンクになっているのである。成績がいい、だけでは安心できないのである。知的回路よりやや早く「意志」の回路も形成され始めなくてはならないのである。この年齢幅の子どもたちにかつての近隣が持っていた涵養林のような群れを再生するか、再生できないなら「涵養林」が果たしていた機能を持つアクティヴィティを新たに創り出し体験させる必要があるのである。

自然と親しむ企画、親子自然教室等の企画があらゆるところで取り組まれている。その多くはせいぜい二泊三日、そして、食材・利便品の持ち込みありで、子どもだけの群れが形成される期間も企画もない。

四、近隣形成に挑戦した人たちの系譜

近隣が消失していくことに対していろいろな動機から再形成に取り組んだ動きがあった。その多くは今も続いている。それを紹介してみる。

1　子育て組から学童保育へ

高度経済成長を支えたのは労働力としての女性である。結婚して専業主婦になるゆとりはなく、共稼ぎが当たり前になったとき、一番ネックになったのは保育（ことに長時間保育）の問題であった。行政の対応が遅れ、保育所の数が圧倒的に不足し、各地で若いお父さん・お母さんが集まって無認可保育所づくり運動が捲き起こった。スローガンは「ポストの数ほど保育所を！」であった。保育という切羽詰まった共通要求が同じ地区に住む人々を結びつけていったのである。保育所づくりを通して親たちの結びつきが始まり、その渦は一般市民をも支援者としてまきこんでいった。この運動は自分の子どもが学校へ行くようになっても衰えず、学外に子ども集団を作る運動へと発展している。それは「学童保育」と呼ばれ、放課後、家に帰っても「かぎっ子」になるしかない児童を集め、遊び・スポーツなどを通して「協力・我慢・集中力」など学業以外の訓練をすることに狙いがあった。これらは各自治体を動かし建物提供や助成金などの事業支援を引き出してきた。現在も続いているがかつての勢いは無い。それはいくつかの理由がある。まず「子育て組」の親たちが同じ年齢幅であったからである。子どもたちが同じ保育所・同じ学校にいる間は強い結びつきを持てたが、子どもが高校に進むとなると進学先がばらばらになるため、日常的な結びつきが薄くなってしまうからである。そして次を引き継いだ親たちの代になると、少子化が一層進み、中学校、時には小学校から同じ地区に住みながら別々な学校へ進む率が高まってきたからである。そして何より、行政が学童保育などへの助成を絞ってきているからである。

2　障害者支援——作業所づくりの教訓

街づくりの第一のスローガンはといえば「ノーマライゼーション」であろう。子どもも、老人も障害者も安心して住める街をノーマルと規定することである。かつては施設で暮らすしかなかった障害者が街で暮らせるためには多くの支援が要る。道路も建物も交通機関も障害者が利用できるよう作り変えなくてはならない。バリアーフリー化は世界的な動きでありもはや後戻りすることは無いだろう。障害者基本法のもと、もどかしいスピードながら国も確実にバリアーフリー化を進めている。しかし、除くべきバリアーは物理的なものばかりではない。最も取りにくいのは「わが心の内なる」バリアーである。障害者を心で受け入れるのは、理念教育だけでは難しく、実際に見て付き合っての経験と理念教育が相補的に行われなければならない。

こういった点で最も苦戦してきたのが精神障害者支援であった。精神障害者に対する通所小規模作業所は昭和三〇年代から先駆的試みがある（長野県・臼田町など）があるが本格的な一号店は昭和五一年の「あさやけ第二作業所」（小平市）である。もちろん、無認可施設であった。その後、精神障害者の作業所作りは各地で取り組まれたが、いずれも地域住民の厳しい反対に遭っている。なかには高い塀を条件に地域住民と折れ合ったところもある。作る側はその後、方針の大転換を行った。企画の段階から住民と話し合い、学習会を辛抱強く行い、運営にも参加してもらうのである。出来上がってからも地域の行事に積極的に参加し、廃品回収・バザーの開催、清掃奉仕を日常化していった。その結果、作業所数は急速にふえていった。はじめ東京や川崎、横浜などの伸びが目立ったが、やがて各県にもこの精神科共同作業所づくりのうねりが及んだ。「きょうされん」は身体・知的・精神にかかわらず参加できる共同作業所全国組織であるが、その会員数は一九七七年には一六、八二年には一五六、八七年には三六三、九二年には六〇〇にふえ、九七年には九〇四、二〇〇二年には一、四三七、二〇〇五年には一、八〇二会員に達している。「きょうされん」に参加していない作業場も多いのでその数はもっと多い。一時は、ほぼ毎日のように小規模授産施設が誕生していた。国際障害者年などの国際的な追い風もあったが、この成功の原因の第一は「地域に開かれた……」ではなく「地域に抱かれた……」作業所づくり、そしてそれを実行できる人材の活用にあった。いわゆる精神医療・福祉のプロではなく、雑多な職歴の人材(家族・教師・サラリーマン・庭師・編集者・牧師など)を呼び込みオルガナイザーにしたことである。作業所に続いて、グループ・ホーム(小規模居住施設)もふえてきた。かくして作業所の建設・維持はその地域のありようにインパクトを与え新しい街づくりをもたらしたのである。現在では積極的に精神障害者に住宅を貸す家主やグループ・ホームを新築する家主も出てきている。そうはいっても、この動きは全国的に見れば、まだ点にしかすぎず面にまでいっていない。そして平成一八年四月より実施の自立支援法により強い逆風が予想される。しかし、この形の地域づくりは、他の地域再形成の動きが鈍化・形骸化する中にあって、今後の地域再生の牽引車になれる可能性を持っていると私は考えている。

3　高齢者福祉――被介護者の群れ

高齢者社会の到来は多くの困難・混乱をもたらすことは早くから予想されていた。少子化と働き方の変化、狭い家屋などから、家族扶養・介護は無理なこともわかっていた。高齢者対策は国の責任である。十分な予算をくみ、医療・介護・介護用住宅改善費用・有給介護休暇などを補償すればやれるはずである。そうなれば子どもたちを中心とする家族に見守られながらの老後生活が可能なのである。そうなった場合、隣近所の少なからぬ家に介護を必要とする老人がいる、介護するほうに回れる老人もいるという状況が出現し、そのことは、否応なしに近隣同士の助け合いを強めていくと予想されていた。しかし、国が取った方針は「高齢者対策を保険でまかなう」であった。またしても歪曲された社会保障理念（平等・機会均等・選択肢の増大を前面に立てた、受益者負担・応益負担）に基づいた「介護保険」であった。介護保険は保険料を徴収され、利用時には一〇％の自己負担、介護そのものは民間委託され、質・量ともに不十分なものである。介護という最も人間的な助け合いを必要とする普遍的な行為に対して効率主義と採算性を持ち込んだため、介護は近隣を結びつけるものにならず、コマ切れ時間を切り売りするだけの、やりがいのない「商売」になり、逆に家族は近隣の援助を頼みづらくなってきているのである。本来「介護」は隣人・知人・友人の助け合い・尽力・団結・連帯など（これらを「社会資本」という）に基づくべきものである。国は社会資本を強化し補完する役割を負っている。ところが「介護保険と介護職員」というそのために開発された「専門パッケージ商品」を買う道を押し付けたのである。これも「近隣力」を削ぎ、「個住」へと国民を一層追い込んでいる。

4　NPOなどの街づくり

定年後、毎日が日曜日になってみて、自分と地域の関係の薄さに愕然とする、そして「老人」が地域でどんな処遇をうけ、どんなさびしい想いで生活しているかがわかると、何とかしなくてはならない!、生き生きした地域を取り戻さなければならないとだれしも思う。少なからぬ人が行動を開始する。かくして、各地に「新しい街づくりを考える会」が結成される。毎日のようにどこかで、シンポジウムやパネル・デスカッションが開かれている。そのほとんどが行政とは一線を画して緩やかな市民運動化を目指している。大変心強いことである。しかしながら、ややハイブロウな文化運動の域を出られないでいる。土壌を捲《まく》るような運動にならないのは、問題意識にはだれも賛成だが泥をかむってまでの行動にためらいがあるからである。近隣づくり・街づくりは、その地の祭りや文化行事への参加だけでなく、ややダーティな政治やいがみ合いなどへの関与を避けて通れないからである。そこを避けていては運動に「うねり」が生じないのである。

5　公民館運動の評価

選挙の公約、市長の就任演説を除けば、街づくり・近隣づくりに公的に一番責任を持っているのは「公民館」であり、公民館の活動振りである。今の公民館活動にはかつてのような「いい街を造っていくのだ!」という意気込みが感じられない。職員の責任ではなく市長などの行政トップの責任である。予算・運営の仕方をよく見ることである。公民館が何時まで開いているか、気軽に市民に部屋を貸し（夜も）集まりを自ら企画しているか、職員が街の中で勝負をしているか、公民館の中にこもっているか、これらを見れば市長の街づくりスローガンはホントかどうかすぐわかる。公民館に限らず市の建物を市民が利用するとき、どれだけ利用しやすいかを見ることが大切である。市民の税金で建てた市民のためと称する施設のほとんどの管理が警備会社に下請けされ、市民にとって利用しづらくなっているのが現状ではあるまいか。そんな場合、行政が唱える「街づくり」はだれのための街づくりか、市民のためになるのかどうか厳しくチェックする必要がある。街づくりの第一歩は「ひとが集まり、顔突きつけ合って相談する場所」の確保である。しかもキー・マンが集まれるのは夜に決まっている。したがって行政スローガンはタテマエといわざる得ない。自治体は、公民館に限らず、保健センターや学校などの夜間使用を制限し続けているのが現状である。

6　高齢者自身の運動

全国的には高齢者大会が、各地にも「豊かな老後を考える会」などさまざまな名称の高齢者たちの集まりがある。年金問題・医療・介護保険などの切実な要求を出して戦っているたくさんの組織があるが、もうひとつ盛り上がらないのはなぜだろう。入党資格六五歳以上とする「日本老人党」が出来るとすると既存のどの政党より支持基盤の大きい政党になる。老人の要求は多様すぎて年金・介護・医療だけでは大同団結できないということなのであろうか、体力的に無理なのであろうか。日本人的謙譲さが運動参加をためらわせるのであろうか、毎日、経済的面や健康面で困っている人を診ている私からすると不思議でならない。いま高齢者運動を担っているのは六〇年安保闘争世代である。そのことから考えると七〇年安保世代（団塊の世代）が中心となっても地すべり的変化は期待できそうにない。しかし、新しい組織と運動形態は七〇年安保世代のほうが（期待できると）期待されている。この世代のほうが組織的に優等生ではないからである。新しい地域再生造りには従来型の手堅いやり方よりも、はみ出した、やや破天荒な発想や運動形態がいるからである。

いま私が考えているのは地域づくり・街づくりは「老後から始める仕事ではない」ということである。さりとて行政任せにはできない。やはり、個人が一人ひとり、主体的にかかわらなくてはならない問題である。それも現役中からである。近隣の消失をもたらした最大の原因は働きすぎ・会社人間化にある。だれだって早く帰宅したい。子どもと風呂に入り、宿題を見てやったり、一緒にゲームをやりたい。土日にはキャッチボールをしたり、山に行ったり、ＰＴＡにも出てみたい。しかし、現役時代にそんな余裕があるだろうか。朝早く、夜遅く、土日の出勤も稀ではない人に、近隣と付き合う時間的余裕、心理的余裕はない。家に帰ったらとにかく寝るだけ、そうしないと明日もたない。隣近所との付き合いなど勘弁してくれ！　である。自分の子どもとさえ話せないのに他人の子どもや子どもの群れの相手など出来ない、である。こういう人に近隣社会の行事（祭りやPTAや自治会など）に参加出来るはずがない。

近隣形成を拒否する生き方はだから責められない。責めたとしても格好の反論がある。「プライバシーを侵さないでくれ！」である。もちろん、プライバシーは尊重されなければならない。しかし、それを盾にとって「引きこもり状態」を続ける限り、人と人の付き合い、近隣形成はできない。近隣形成とはライフラインの中に「人」をいれるかどうかの戦いである。阪神・淡路大震災でわかったことはライフラインの第一は「人」だということである。

こうやって「引きこもり状態」とセットで働き蜂を続けていて、定年を迎え、改めて近隣の大切さを知っても遅いのである。時間はあれど、どう動いてよいかわからず、働きかけられてもどう反応したらよいのかわからず、多くの人が引きこもったまま、やがて病を得て、闘病に明け暮れて死んでいくのである。

現役時代にこの悲惨な老後の精神生活を見据え、（たとえ収入は減っても）働く時間を減らす。生じた時間を子どもや家庭・地域のために使う。そうしておけば、定年後うまく地域に入っていける、迎え入れられるのである。そうなれば減った収入は豊かな活力ある老後生活のための先行投資である。街づくりは息の長い作業である。即効薬はない。いま現役の人たちが自分の働き方を吟味し、長い老後にどれだけ今のうちから投資できるか……おそらくそれが決め手になるだろう。

五、EUの危機感

すでに述べてきたように「地域社会」は激しく変動している。一九九〇年代に入って我が国では多くの企業が工場を東南アジアへフライトさせてしまった。国内工業の衰退は地方都市の商店街を衰退化させ、地方都市の財政を破綻させていった。そうなると生活環境を保護する地域社会の共同事業が出来なくなり、地方都市の生活環境はますます悪化し人間が住みづらくなり、人口がさらに流出していくという悪循環に陥っている。久しぶりに故郷の街・学んだ街を訪れた人はシャッターの下りたかつての繁華街、午後六時を過ぎると灯りの消えるダウンタウンに愕然とするはずである。

神野直彦氏によれば、こうした地域社会の動揺は日本に限ったことではなく先進諸国に広く見られる共通の現象であるという。その原因が、工業の衰退という産業構造の変化に起因することも共通な現象だという（『地域再生の経済学』中公新書）。神野氏によれば「動揺している現象」は共通でも再生のシナリオは一様ではないとして、二つの対峙する正反対のシナリオを示している。一つは市場主義に基づく、日本を含むアングロ・アメリカン型の地域再生、もう一つは市場主義に基づかないヨーロッパ型のシナリオである。氏は前者に未来は無いとして芽生え始まった後者について詳しくこの本で紹介している。

1　持続可能な都市づくり

五〇億にも上る地球上の人類が自然破壊的なライフスタイルを謳歌すれば地球は死せる星になることは目に見えている。ヨーロッパの地域再生運動の基本的認識は、工業によって破壊された自然環境の改善と工業に代わる知識産業を、地域に伝統的な文化を復興させることによって創り出すことである。そのモデルとして注目を集めているのがフランスのアルザス地方にあるストラスブールである。ここではまず、大気を浄化するため、ＬＲＴ（Light Rail Transit 次世代路面電車）を敷設して、自動車の乗り入れを禁止した。これは市民の共同事業なので公共交通税（賃金の一・七五％まで）を導入した。地域伝統文化では、フランスとドイツの文化を融合したアルザス・ロレーヌの固有文化の復興を目指している。文化の復興は即、教育の復興と連動する。ストラスブール大学には五万五千人の学生が学んでいる。人口は二三万人であるから四人に一人は大学生である。都市が人間の生活空間として再生し出すと教育機関・国際機関も引き寄せられてくる（ヨーロッパ議会・国立高等行政院など）。グーテンベルグやパスツールを生み出した伝統は研究機関を整備しバイオなどの研究がさかんである。かくして「自然的、文化的、人間的」魅力を持ったこの街は、経済界の懸念をよそに都市経済も活性化している。自動車の進入しない「人が歩きたくなる」街の地価は高騰し高級ブランド店やフランチャイズ店が進出し商店街は活気を呈しているという。市場主義による都市再生によって市街地の地価が下落し、商店街が荒廃している日本の現状と際立って対照的である。

ヨーロッパにおける地域再生の合言葉は「サステイナブル・シティ（持続可能な都市）」である。持続可能性とは人間の生活の「場」としての都市を持続させていく可能性のことである。荒廃して人が住めなくなりつつある都市を人間が生活し続けられる都市に再生しようとするこの「地域社会再生」はアメリカが推進するグローバリゼーションの対抗モデルでもある。

もちろん、地方自治のあり方（とくに財政面での）が違うので我が国ではすぐに実現不可能な夢物語である。ヨーロッパ各国でもそれぞれ地方自治のあり方が違うので、各地でこの「地域再生」プログラムはさまざまであるが、環境と伝統文化の二つのキーワードは変わってはいないという（前掲書より）。

2 ヨーロッパと日本の違い――「個の確立」

西欧諸国ではいま、脱施設化が進んでいる。脱施設化とは精神病院の廃院運動である。かつて大きな精神病院に収容され、多く生涯をそこで終えた精神病者の処遇はいまや一変し、次々と地域処遇（入院せず治療し、リハビリをうけ、社会参加する）へと移行し、その結果いらなくなった精神病院は次々閉鎖されている。いまや必要とする精神病床は急性期や触法例（犯罪を伴う例）に対して人口万対五床、それも有床診療所程度で十分とされている。これに反して我が国では相変わらず万対二八床、およそ三四万人が入院している。うち厚労省の試算でも三分の一は社会的入院（病状は悪くないのに引き取り手や場所がなく入院している人）者である。我が国は先進国（こんな状況を抱えるようでは先進国といえないが）の中で「もの笑い」になっている。原因ははっきりしている。明治以来、我が国は精神障害者の処遇に責任を取ったことはなく一貫して民間委託してきたのである。精神医療こそ「元祖民営化」なのである。世間の偏見をいいことに異様に低い医療費を押し付けた（内科入院費の三〇－四〇％でしかない）ため、精神病院内部からの変革のエネルギーは枯渇してしまった。低医療費の埋め合わせとして医師一人が四八人を受け持てる（内科などでは一六人）医療法特例を造ったため、ますます入院者を増やさねば経営が成り立たなくなるという悪循環を長年繰り返している。現在日本の医療費を見ると、日本全体のベッドの二五％は精神科の病床であるのに、精神科に配分される医療費は七％に過ぎない。いかに患者が悲惨な処遇にあえいでいるかわかる。

脱施設化の先陣を切ったのはイタリアである。イタリアは、わずか三五年前は日本とあまり違わなかったのである。イタリアでも先陣を切り、改革のモデルになったのはトリエステである。そこを私は一〇年間隔で二回訪れた（平成二年、一二年）。開放療法（鍵も格子もないふつうの病棟で治療すること）や地域支援活動（出来るだけ入院させないで治療し、生活を支援する）を長年実践していた私は、病棟無しでもやれる感触を持っていた。そこでそのための保健・医療・福祉全体のシステムのドラスティックな変更・再編がどうして出来たのか、市民はそれをどう受け止めたのかを知りたかったからである。

トリエステの改革を主導した急進的な精神科医、F・バザーリアのことや、トリエステの改革をいち早く国家政策として取り入れた左翼連合政権（社会党・共産党）の存在、強力な地方分権、それを支える地域評議会に結集する草の根運動などはすでに文献や報道で知っていた。政治基盤や市民運動の質量が違うのである。しかし、その違いを生んだのは何だろう。

トリエステの山の中腹にある大精神病院から患者が次々に町に移り住み、新たに作られたコミュニティ・ケアー・ネットワーク網に支えられ始まった時やはり多くの反対があったのである。トリエステ滞在中乗ったタクシーの運転手すべてに聞いてみた。病棟閉鎖、市中への移住をどう思うか……と。半分は「いいことだと思う」、半分は「絶対反対」であった。病棟閉鎖後一〇年近くたって、なお市民の半数は反対なのである。反対の理由も我が国における「精神病者に対する偏見・蔑視」と同じである。しかし、絶対反対といいながら必ず次のように付け加えるのである。「でも、そういう試みをしてみたいと考える人たちの権利は認める。」改革を実践した関係者によく聞いてみると華々しい報道の水面下で、激しい、粘り強い市民との対話・反対者の説得があったのである。対話や説得は精神医療改革だけでなく、何かことを起こそうとすれば、この国では当たり前なので見学者には語らないだけなのであろう。その対話・討論を尽くした結論には少数派が従うのも当たり前なのであろう。十人十色はどこの国でも同じであろう。しかし、一〇人いれば一〇人が自分の主張をするとは限らない。「和をもって尊し」とする日本では、まず回りの風向きを見る……そして輪から外されないような主張をなるべく後のほうで述べる。全員一致という偽りの安心感を優先する代わりに、決定にも責任を持たないのが常である。この彼我の違いは文化の違いだけではなく、私は「民主主義の成熟度」の違いであると思う。良い意味の個人主義・「個の確立」が出来ているかどうかの問題である。前項で引用した本の中でも著者は「人間は自立するがゆえに連帯する。日本では個人が自立してなかったがゆえにコミュニテイが崩され中央集権体制を明治国家が築いたのである。中央集権体制こそが地域共同体を崩し、地域社会を同質化してしまった。……中略……したがって地域社会の再生は地方分権なしにありえない」（八九頁）といっている。「個の確立」の不十分さは敗戦後も現在も続いているというべきであろう。

何をなすのも人であり、人と人の結びつきからである。政治・経済・理念・思想などを問い、分析する前に、現代人の「個の確立」の吟味することから始めなくてはならない。ことに、地域再生では「個と個のありよう」にすぐにぶつかり、それがネックにもなり、跳躍台にもなるからである。

3 住みやすさvs物の安さ——住の豊かさ論争

旅行するときは、留守を頼める隣人がほしい。せめて、ペットを預かってくれたり、庭木に水をまいてくれたり、郵便物を預かってくれるくらいの付き合いがほしい。月に一度くらいは集まれる人だけでバーベキューやお茶をしたい。食料や生活に必要なこまごましたものは近くの魚屋さん、肉屋さん、八百屋さん、雑貨屋さんから買いたい、忙しいときや体調の悪いときには品物を届けてほしい。電化製品が故障したらすぐに来てくれる電気屋さんもほしい。年をとると住みやすさとは、昔の「御用聞き」までとはいわないが、「届けてくれる」「隣で間に合う」が条件になる。

我が家を例にとればこんな住みやすさは夢のまた夢である。食料品は大型ショッピングセンターへ、こまごました生活用品は何でも揃うホームセンターへ、そして電気製品やパソコンなどの通信機器は秋葉原までは行かないがやはり大型量販店へ、花や植木もガーデンセンターへ、である。近くには何も無いからである。大型ショッピングセンターで買い物をする生活スタイルは車と冷蔵庫によってなりたっている。車も無い、あっても運転できない人には決して便利なものではない。運転免許証を持たない主婦は週に一回は夫のご機嫌を損なわないように、アシー君に仕立てる。「買出し」が癖になってか我が家では、三軒隣が花屋なのにやはり遠くのガーデンセンターへ行っている。家電製品が故障すれば車で量販店まで担ぎ込まなくてはならない。気軽に修理に来てはくれないからである。なぜ大型ショピングセンターへ行くのか？　近くに店が無いから……というのが現時点での正解である。しかし元はといえば安くて品揃えが良かったからである、とくに家電製品や食料品の値幅は大きかった。それで近くの店に行かなくなったので、次々小型小売店は消滅していったのである。われわれ、市民が消滅させたのである。ヨーロッパではまだ田舎町に行くと私が「住みやすい」として挙げた条件や小さな商店街が残っている。「大都市や量販店に比べてかなり商品が割高である。それに不平はいうが、薦めても大都市や量販店に行かない。もしそうしたら、地元の商店街が消えてしまう、そうなって困るのは、自分たち街の住民であり、なかでも困るのは車に乗れない子どもや年寄りである……だから地元の商店で買うのだという。共同体意識が生きていれば街の空洞化は起こらない。」（前掲書、八八頁）商店を消滅させないためにはどうやら三割高でも地元から……を甘受しなくてはならない。三割高（住みやすさ）を取るか、住みにくさ（物の安さ）、を取るか、という選択になる。

4 ソーシャル・キャピタル／ポピュレーション・ストラテジー

医療の世界では現在ハイリスク・ストラテジーが全盛であるが、近年その限界がはっきりしてきてポピュレーション・ストラテジーが復権してきている。前者はハイリスク・グループ（高危険因子群）を的確に抽出して、それに対してインテンシブな手を打つことである。たとえば心筋梗塞や脳梗塞のハイリスク・グループは高血圧・肥満・アルコール依存症・糖尿病などのいわゆる「生活習慣病」である。そこで高血圧や糖尿病のコントロール、食事指導などを集中的に行うのである。過労死でいえばハイリスク・グループはストレス・過重な労働・長時間勤務者である。この群の労働時間を管理し軽減すればよい。実に効率のよいプラグマチックな方法である。しかし、これだけでは心筋梗塞や過労死は減らないのである。それは、なぜ「そんなに食べるのか」「なぜそんなに働くのか」を考えてみればわかる。そこには過酷なストレス下にさらされている職場生活が浮かんでくる。過重な仕事を押し付けられて超過勤務をせざるを得ない実態が見える。あるいは賃金が安いため自ら超勤を志願しなければならない人もいる。職場では能力主義が支配し同僚とは協力の関係ではなく、競争相手であり、働く仲間が分断されている。晩い帰宅なので家族と団欒することも出来ず、明日に備えて睡眠をとるのが精いっぱいである。土日も出勤で自分をリフレッシュすることも出来ない。その反映としての過食であり、高血圧であり、飲酒、ストレスであるからである。ハイリスク・グループに手を打ってもそれに続く予備軍を社会が大量生産しているからである。「職場生活」「家庭生活」の改善から手をつけなければどうにもならない。その戦略をポピュレーション・ストラテジーという。社会経済モデルでいう社会資本（ソーシャル・キャピタル）を充実させていく方法である。社会資本とは「人間の絆」のことである。仲間意識、連帯、友情、助け合い、協力・協働の喜びなどをさしている。職場を、労働の場を、生活の場をそのように変えていくことで、自己責任―過重労働―孤立―疲労―過食・過飲―生活習慣病―心筋梗塞、過労死という悪循環を断ち切る戦略である。いってみれば当たり前の予防医学の復権であり、「不健康は生活の中にある」と見る「公衆衛生学」の復権である。当たり前ではあるが跋扈《ばっこ》している能力主義社会、新自由主義に対する厳しいアンチ・テーゼとなっている。

社会資本を充実させていくポピュレーション・ストラテジーはそっくりそのままこれからの「地域再生」に当てはまる。地域再生はまさしく「人間の絆」が元手である。新たな公共投資や町村合併、町おこしとしての観光目玉づくりではない。地域再生と町おこしは別の概念である、商店が儲かることがあってもそれは二次的なものであり、地域再生とは「街に住めること」「安心して町で暮らせること」が第一義であるからである。次節では、我が国でようやく始まった「ひとの絆」が元手の「街づくり」「地域再生」を紹介する。

改めていうまでもないことではあるが、私たちはコトバに惑わされてはならない、法律は誰のために作られたかをよくよく確かめなければならないと思う。「街づくり」も「地域再生」も同じ言葉であっても使う人により意味合いが違う。

「リゾート法」という国民に夢を与えた法律は、自然を破壊して、全国各地にたくさんの大規模なホテルや会議場、ゴルフ場付きのリゾート地を作り出したがそのほとんどがオープンまもなく傾き、いまやほとんどが遊休施設化し、維持費さえも出せず、閉鎖、転用されている。潤ったのは建設業界だけであった。国民のレジャーのための立法ではなかったし、国民にはそんな余裕は無かったのである。最近の立法では「自然再生法」がある。エコロジー運動の成果のように見える。この法律に基づいて釧路川が元に戻される計画が発表された。ダムの無い日本唯一の河川、釧路川はその下流に広大な湿原があり河はそこを蛇行している。そのため洪水を起こしやすいとして世界的な反対（この湿原はラムサール条約で指定されている）を押し切って下流に海まで一直線の水路を掘り、流れを変えてしまったのである。それを元に戻すのだという。直線の水路をせき止めるだけでいいと思うのに、計画では直線部分を埋め戻し、元の蛇行部分をブルドーザーで拡幅するという。これでは自然再生ではなく、更なる自然破壊になりかねないし、得をするのはまたもや請け負う土木業界だけになりかねないのである。ヨーロッパの都市再生のスローガンはエコロジー、自然保護である。このスローガンも悪用されないよう今から心しておくべきであろう。

六、我が国の街づくり

1　動き出した街の再生（ＮＰＯ主導）——儲かるより暮らしやすい町

我が国でもストラスブール並みの「地域再生」が進んでいるのだろうか。中沢孝夫氏は著書『変わる商店街』（岩波新書）の中で芽吹き始めた地方都市のさまざまな取り組みを紹介している。どこでも共通しているのは「街をまず生活できる場に」のスローガンであり、「街の魅力は商店街だけで作ることは難しい」という認識である。もうひとつは、取り組みを主導している人が個人やＮＰＯであり、行政や既成の商工会では無いということである。山形県・高畠町、群馬県・前橋市、静岡県・島田市をはじめ、多くの試みが紹介されているがそれぞれ地域性を生かした別々な取り組みであり、別々な顔を持っている。

東京から押し寄せてきた「同じ顔」の街づくりが破綻した跡からから別々な顔を持った運動が芽生えるということは当然かもしれないが、興味深く期待が持てることである。それぞれの地方固有な動きなのでそのエネルギーやインパクトをよく理解するには、その地特有の個別な歴史（過去から現在）をよく知っていることが望ましい。われわれは物の理解に共通項や普遍性に頼るのが常になっているからである。地域再生とは個別なものであり、地域再生の運動とは、その地域固有な運動であるはずだからである。そういう点から、私にとって前橋市の試みは他人事ではないし、その取り組みもよく理解出来るのである。私事であるが、私は前橋市の郊外で生まれ、前橋市で学び、四二歳（昭和二九年）まで前橋市で働き、その後も帰省ごとに前橋市の変化を見てきているからである。前橋市も全国の都市に共通して見られるように中心市街地の空洞化が進んでいる。かつての中央商店街は日曜でも閑散としており、夕方五時を過ぎると人影まばらで、ネオンも消えている店が多い。帰省ごとに中心部に住んでいた友人や顔見知りの商店主を訪ねると郊外に引っ越していて寂しい想いにさせられた。前橋商工会議所の交通量調査によると、中心部ではピークの昭和五〇年には日曜の午前一〇時から午後六時までの間に三万一、〇〇〇人が通行したが平成一〇年には四、五〇〇人へと激減している。とくに平成五年からの減少がひどく、それは中心部にあった二つの百貨店の撤退と同期しているという。実はそれ以前から中心街の老舗の商店主たちは店を広げるなどの理由で自宅を郊外に移し（職住分離）、ひそかな空洞化が始まっていたのである。

このような絶望的な状況の中で登場したのが二つの自主組織である。一つは「前橋活性の会」。もう一つは「コムネットQ」という街づくりネットワークである。二つの組織が別々にやっているのは、それぞれが偶然立ち上がったからである。一緒の会にするよりもお互いが出来ることを出来る範囲でやる、という自主性を守るほうが大切だからである。両方ともまったくの自主組織であり、行政や商工会議所などが背後についているということはない。若者たちが勝手にはしり出し、うねりが出来、行政や年配者が跡を追っているのが実情であるという。

前者は平成一一年に結成され、「あそこは楽しいよ、何かがあるよ……と思われる街づくり」を呼びかけたところ二ヶ月で一、〇〇〇名を超える人が参加した。代表者は昭和四六年生まれ、と若い。まず最初に仕掛けたのがその夏、街を流れる利根川の河川敷でのイベント「遊楽祭」、コンサート、フリーマーケット、各種商店の出店、露店、などが二〇〇組以上。これになんと二万人余の人がおしかけた。翌年の第二回目にはプロのジャズコンサート、お店対抗カラオケ大会などが加わり、なんと三万五、〇〇〇人の人出でごった返した。予算は会の幹事たちが自腹を切った。ここで出会った市民たちはそれぞれ出店した商店への流れを造った。街が動き出したのである。コムネットQの中心者は中央商店街通りの老舗を継ぐ土地っ子でこちらも昭和三四年生まれと若い。平成一二年、三〇人ほどのメンバーで立ち上げたが、すでに一〇〇名を超えている。うち商店主は二〇名、多くは普通の市民（学生・サラリーマンなど……）ボランティアである。

コムネットQが取り組んだのは大型店（デパート）跡地を公園化することである。跡地に一二〇台ほどの駐車場をつくり、残りの六〇〇平方メートルを市当局と交渉して公園化した。持ち寄った木を植え花壇をつくり、公園に敷くレンガは一個五〇〇円で市民に買ってもらい、レンガにはその人のメッセージを書き込んでもらうなどすべて手作りでアイデアを生かしていった。もちろん、手入れ、水くれも自分たち。この公園作りの助っ人を呼びかけたところ近くの小学校から一〇〇人を超す児童と五〇人のお母さんが参加した。なんと繁華街の真ん中に公園を出現させたのである。ちょっとしたヨーロッパの町並みである。

もうひとつこのネットが仕掛けたのは夏祭りである。かつて街の中心にあって夕方に鳴らしていた商工会議所の「愛の鐘」を復活させ、同所の地下にあったキリン食堂のカレーライスも当時のコックさんを探し出して復活させた。どちらも前橋市民の馴染みなものである。そのほかにもリサイクル・マーケットや馬車やミニＳＬ、地元の踊り、神輿を出し、一九五〇年代の映画を上映した。夏祭りを期してオープンした公園には待っていた子どもたちが押し寄せ、祭りは二万人の人出で終日賑わった。コムネットの狙いは「街に表情を取り戻す」ことにある。商店の活性化が目的ではない。それは最終的な結果であり、まずは個性的な、魅力ある場所・行ってみたくなるような、住んでみたくなるような街にすることにある。しかし中央通り商店街五七軒のうち今も七軒が空き家、その持ち主はゼネコンなどであり、商店街全体の活性化の状況はなかなか複雑である（以上、前掲書より要約）。

前橋市の状況をやや詳しく述べたのは、この中に我が国における地域再生運動のプリンシプルがすべて揃っていてわかりやすいからである。業界や議員を通して予算を取ってきて文化ホールを建てたりバイパスを作ったり、川をせき止めたりするこれまでの「地域活性化」と反対のヴェクトルの運動であることである。お上を当てにせず、まず気づいた人から行動を始める、仲間を横へ横へと広げる、自分たちの力と金で動く、目的は魅力ある街にする、住みたくなる街にする、そのためにこれまでの伝統文化を継承発展させるとともに、現代的な工夫を凝らす、自然との調和を求める……などである。

前橋市はこうして少しずつ変わりつつある。その程度はというと往年の賑わいも、肩寄せ合って生きていた近隣もまだ復活していないのである。一度失われた共同体はなかなか再生しない。壊すのは簡単なのである。今も国の市場主義型の街づくりは平成の市町村大合併の嵐に乗って強引に推し進められている。前橋市付近でも道路開発によって郊外の安価な土地に大規模なショッピング・モールが出来、連日賑わいを見せている。一方、この嵐は孤立した僻地を一層過疎化している。「『分裂にっぽん』―しまなみ海道から―」(『朝日新聞』連載ルポ、平成一八年五月)は、やっと全面開通した第三の本四架橋が引き起こした地域変動や経済変動をシリーズで伝えている。五月一一日付けのNO5では取り残された小さな島々からの移住が続いていることを報じている。老人たちは病を得ればただでさえ孤立するのに、町村合併後は医療・介護の手も遠のき独居老人に対する弁当配達サービスさえ縮小され、不安に駆られた老人たちが脱出していくのだという。脱出先はもっと大きな町へ、松山市へと集中する。「平成の大合併」で、しまなみ海道が結ぶ広島・愛媛両県で一一三の自治体が減り、二〇の村はすべて消えた。効率優先をスローガンにした自治体合併が「公助」を縮め、自治体間の「優勝劣敗」を加速する……と断じている。

2　もうひとつの地域再生の試み――実験台としての障害者運動

前橋市などの街づくりはいわばオーソドックスな正面作戦である。搦《から》め手からの街づくりは、今のところ障害者運動である。障害の種別を超えて障害者は地域で働き、生活することを希求している。多くの障害者施設（居住・作業所・リハビリ……）が地域の支援を受けてこれまでふえ続けてきた。施設の存続自体が（地域の支援無しでは不可能なので）新しい街づくり運動なのである。今では逆に障害者運動自体が他の地域づくり運動を牽引し出しているところもある。まだまだ、点にしか過ぎないが、障害者には不退転の強さがある。これ以上、下がりようが無いからである。外圧に押されて制定したとはいえ、障害者基本法では国の障害者対策の抜本的な強化をうたっており、国はその責任を負わされている。障害者施策がその国の文化のバロメーターであることは世界の常識である。しかし、国の総論賛成、各論手抜き・遅滞は甚だしい。厚労省は、平成一七年に自立支援法を障害者の大反対を押し切って成立させ、平成一八年四月から三障害の医療・福祉をこの中で扱うことになった。しかもその実施主体を地方自治体に丸投げしたのである。このことは障害者運動に新たな局面を持ち込んだ。各自治体ごとに運用が異なり、格差が生じてきている。一見、困難な状況であるが戦いは自治体交渉に移ったのであり、工夫と努力により新たな地平を切り開くことが可能である。この戦いを乗り越えることによって障害者運動は脱皮・成熟していくことが予想される。乗り越えるためには一層、広範な運動とつながり、多くの市民とつながる以外に手は無いからである。そのことはそのまま地域づくり・地域再生の基盤となるからである。

3 団塊の世代は変革者となりうるか

一〇年前、私は地域再生を担うのは、老人自身であろうと想定した。ことに新たに老人の仲間入りした六〇年安保世代がその流れを創り出すだろうと思った。明治維新以後現在まで、最も自前の民主主義を模索しあるいはその洗礼を浴びた世代であるからである。問題意識も高く、組織の仕方も知っている人たちがリタイア後、自分たちの老後の安心できる暮らしを求めて必ずや住民運動に入っていくだろう、これが私の想定でもあり、期待でもあった。残念ながらそれは期待のまま終わったといわざるを得ない。なぜ期待はずれに終わったのか、私は三つほどの原因があると分析している。六〇年安保世代はその後日本の高度経済成長を担った世代であり典型的な会社人間化していったこと、がその一つである。身も心も知恵もアイデアも余暇も会社にささげ、会社と一体化してしまったため定年後は一種の虚脱状態に陥り、新たなる興味・問題を見つけ出していくという慣習もパワーも失っていたのである。二つ目には、この世代の人たちの前半は、東京・大阪をはじめ各地に革新自治体が出現し、日本の景気もうなぎのぼり、月給もふえるなど未来の見えるものであった。後半は前半に水面下で進んでいた労働運動つぶしが効をあげ、それを土台にエネルギー政策の変換、ＯＡ化が進み、悪夢のようなバブル期を経て一転不況のどん底に落とされ、ＩＴ化には乗り遅れ、導入された能力主義にさいなまれている。つまり、現役中に栄光と脱落を経験し、いわば自信喪失状態でリタイアしていることである。それでも多くの人が住民運動や地域再生運動に取り組んでいる。しかし、その取り組み方は「要求別の組織をつくり、それを強くして全国化する」に代表されるような自分たちがこれまでやってきたやり方であった。雑多な要求を雑多にまとめ、同じ地域の他の組織と緩くつながってゆくという地域再生に必要な運動論になじめなかった、これが三つ目の理由である。

これからリタイアする団塊の世代はどうであろうか。これまでこの世代のエネルギッシュぶりは良きにつけ悪しきにつけずっと話題になってきた。同じく日本経済を支え続けた会社人間であるが、六〇年安保世代と比べるとはるかに多様な価値観や行動様式を持っている。現役生活のほとんどがバブル崩壊以後の厳しい時代である。不況脱出のため次々に打ち出されてくる機構改革や技術革新、能力主義の導入などに耐え、適応し、あるいは反逆してきている。その動きを見ているとやや画一的でゆれ幅の少ない前世代に比して、はるかに個人を前面に出し、変動性もゆれる方向も多彩である。しかも団塊の世代の老後生活は前の世代よりはるかに厳しいことが予想される。これらのことから考えると六〇年安保世代よりはるかに期待が持てるといえる。自らの老後生活のために再びエネルギッシュに闘うというより、その人なりのやり方で多様な運動を繰り広げる可能性が強い。その人なりの、その地区なりの、いろいろな方向を向いた動きは地域再生の苗代・培地であるからである。直接街づくりに関係していなくともいいのである。どんな形でも同じ地区で起こる人と人のつながりは地域再生の養分なのである。まさに「住」はあらゆるものの結節点なのである。

七、国が変わるのを待ってはいられない

ここまで、最近の子どもがいろいろと問題を起こすのは、「子育ち」(社会的存在化)がミッシングリンクになっていること、そしてその欠けたところこそ「近隣社会」が負っていた養育力であることを述べてきた。また、欠けたところは他の方法で代替出来ないし成人してから補うことが出来ないことを脳科学的に述べてきた。そして近隣喪失の原因と現状を述べ、模索中の近隣再生・地域再生の動きを紹介してきた。子どもの成長は早い。それに反して地域再生の動きはあまりにも遅い。

精神科医の立場からいえば、問題を持った一人の子どもを救っている間に何十人もの子どもが

トラブルを起こすし、その何十倍もの予備軍が育ってしまう。そういう子どもがゆったり育つ土壌・養育環境づくりが遅すぎるのである。それは日本のすべての人たちが、賛同するだけではなく時間やお金・労力・アイデアを持って参加してくれないとできないことである。そう考えるとこれはとてつもないテーマ・運動である。近隣を消滅させた施策との戦いであるし、我が国の政治・経済政策との戦いである。個人的には「ゆとり時間」と取り戻す戦いであるし、そのために収入が減ってもいいという意識変革を起こす戦いである。

これらのことを政府の施策の失敗・国の責任というのはやさしい、しかし、非難しても何も解決にならない。なぜならそういう政府を成立させ、支持してきているのはわれわれ一人ひとりの国民であり、そういう施策に対して批判せず、黙って容認してきているのもわれわれである。すべてはわれわれ個人に還元される。一人ひとりがいま、何が大切か考え、まわりを気兼ねせず恐れず思った通り発言し行動する、一人ひとりが「確立した個」になれるかどうかにかかっているのである。この本のまとめとしてそんな「個の確立」の一助になればと日ごろ私が考えていることを述べる。

1　故郷喪失症候群——いくら住んでも故郷化しない

私は四二歳まで生まれたところで生活していた。そこが今も文句無く自分のふるさとである。その後、東京・小金井市に一〇年、千葉県・我孫子市に一〇年、そして現在の横浜市に移って五年目になる。四二歳まで住んでいても一〇年、二〇年とはなれると「ふるさと感」がだんだん薄れてくる。それでも小金井市にいたころはまだ薄れなかった。我孫子市に移り、生まれた時から住んでいたふるさとの家屋を潰してからその感が強くなった。生まれ在所に戻っても立ち寄るところも無く、親戚以上の付き合いだった近所・隣りへいっても小父さん・小母さんたちはいなくなり、跡を継いだ同年輩もだんだん欠けて代替わりをし、訪れると見知らぬ顔が出てくるので、あがって話し込むのも気が引けるようになった。いつしか、まるで旅人のように生まれ在所を目で見るだけで通過するのが常になった。一方、小金井市でも我孫子市でも、いくら住んでもそこが「ふるさと化」してこないのである。駅から家路をたどるときいつも抱くのは学生時代に「下宿先」へ帰る気分である。妻や子がいるわけだから下宿とは違うのだが、生まれた家に帰っていくような安堵感が湧かないのである。あの文句無く無防備でくつろげる場所にならないのである。明日の戦いに向けてしばしの仮眠を取りに帰るところ……といった感じなのである。原因はわかっていた。朝早く、夜遅いので隣近所との付き合いが無いからである。顔がわかるのは数人、お茶やちょっといっぱいのお付き合いが出来たのは一－二軒である。それもそれ以上の付き合いではない。隣の人同士お互いに喜びや悲しみを共有し、飲み屋や遊びを共有するところまでは行かなかったのである。隣人の過去を知ることも無く、その人となりを知ることも出来なければ普段着の付き合い、無防備の付き合いは難しい。安心していてもどこか構えているからである。お互いはら割って付き合える近隣に囲まれていない我が家は無条件でくつろげるところにはなりにくいということである。ましてや、永住する気が無いのでその地の伝統行事や文化を継承することも無く、日々その地に起こっている出来事（政治や催し、自治会、争いなど）には関心が無い。新聞でたとえるなら一面はよく読むが千葉版は読んだことがない。千葉からどの高校が甲子園に行ってもどうということはないのである。その地の歴史も継承せず、現在のその地の喜怒哀楽も共有しないのだから、その地がふるさとになりようが無いのである。故郷感とはそういう「わずらわしい」ことを共有・協働し、その結果生ずる喜びや悲しさや憎しみの堆積から生じてくるものなのである。かくして私は「生まれ故郷」は風化し、住んでいる所は「ふるさと」化せず、故郷喪失症候群という深刻な病に陥っている。これは私一人の病気ではなくいまや日本中に蔓延している慢性病といえるだろう。精神生活の軸のひとつである「ふるさと」を喪失するということは、その人の心の安定度をいつも厳しくゆすり、安定した生活を難しくするのである。

2　外出民主主義ではダメ

職場や仕事、講演などでは民主主義を説き実践している人も我が家の玄関を入ると暴君にならないまでも豹変してしまう人が多い。同様、地域活動の大切さを力説している人も家に帰ると近隣とは没交渉な人がほとんどである。私も同じである。家では死んだ振りしているわけである。仕事が忙しい、近所付き合いの時間が取れない、取っていたら自分が参ってしまうというのがその言い訳だが退職後もそれであってはどうにもならない。横浜市に住むようになって、私は心を入れ替えて自分のあいている時間を極力、地域に提供することにした。だがこれが結構難しい。今のところ自分の住んでいる地区の精神障害者や家族、彼らのやっている事業にボランティアとして参加し、関係者が集まって開くケース検討会や勉強会、相談会に参加することしか出来ていない。小金井市や我孫子市と同じく軒を接している近隣とは親しく行き来する関係には至っていない。こちらが呼びかけても受け入れてもらえない雰囲気である。そのうち、精神障害者関係での馴染みが深まれば隣近所に呼びかけられるのかもしれない。しかし、どこまでいっても私の期待しているような近所付き合いは、このような大都市では限界があるようである。そのことは「近隣」の新しいモデル、現代にマッチしている形態が求められているということであろう。それを模索しないと「近隣形成・地域再生」のプロセスはわからないし実行出来ないということである。

3　まずその地の行事・政治・福祉に一人ひとりが参加する

いくら長く住んでも故郷にはならない。逆に周囲とのかかわり方次第で、住んでいた期間が短くとも忘れ得ないふるさとになる。

地域再生は一人ひとりの責任である。一人ひとりの参加の輪がふるさとを造るのである。故郷喪失症候群でも述べたように、住んでいる地域の諸活動にまず参加することがスタートである。何にどの程度参加するかはその人の条件次第である。その地の祭りなどなにか伝統行事でもよいし、趣味の会や介護ボランティアでもよい。ニュートラルでなくともよい。ある政党の活動でも、宗教活動でもかまわない。オーソドックスに自治会や子ども会の世話役でもよい。その地区で展開されている活動なら何でもよいと思う。要は、根無し草にならないことである。どんな立派な建物に住んでいても地域とつながっていなければ鉢植えの花と同じである。「鉢植えの花」がどんなに立派でも、「住の豊かさ」の必要条件の一部でしかない。「豊かな生活」の十分条件とは地域に「生態して」暮らすことだからである。

4　六分の親切・四分のおせっかい

目の前で怪我をしたり、倒れたりすればともかくわれわれは、よほどのことでも「見て見ぬ振り」をすることがいつの間にか習いとなってしまった。酔っ払い、悪臭を放つ放浪者などにはなるべくかかわらないようにするし、電車の中の喧嘩でも仲裁に入ることはまず無く息を殺してそしらぬ振りをする。いろいろと世話を焼いたり、忠告したりすると得てして「いらぬ」おせっかい、ととられた体験を皆経験しているからである。しかし、何かをやろうとすれば、それがどんなに親切なことであっても「おせっかい」と感じる人がいるのである。ましてや、これまで述べてきた街づくり、近隣形成へ向けての働きかけともなるとおせっかい率はぐっと上がってくる。低く見積っても四割であろう。したがって地域再生行動の（内なる）スローガンは「六分の親切・四分のおせっかい」である。おせっかいととられたくないために、（六分の）親切をためらったら、ことは成就しない。人と人の結びつきとは所詮きれいごとだけでは済まないのである。「きれいごと」で済んでいるとしたらそれはニセモノか、演技である。

おわりに（その1）

私が住環境に興味を持ち出したのは、ピアノ殺人事件のごとく、逃げようのない集合住宅に壁ひとつ・床（天井）ひとつ隔てて住む人（家族）同士に起こる被害妄想であった。

隣人に意地悪されていると訴えている人には共通項があった。（1）たしかに構造から見て足音や排水などの生活雑音がシャットアウト出来ない住居である、（2）生活雑音はおろか、家の中まで丸見え状態の住いから、プライバシーを求めて集合住宅を購入している、（3）今の集合住宅で意地悪されるからといっても（ローンがあって）逃げ出しようがない、（4）訴えは、統合失調症とそっくりなのに病気ではない——などであった。住居は人を狂わすと思った。

その目で見ていくと、本物の統合失調症も自分だけの空間が持てないと悪化していくし、逆に、個室に引きこもって慢性化していく。精神病の人をよくするために住空間は決定的な役割を担っているることを知った。体の病気（脳卒中の人や、心臓病の人、糖尿病の人など）の治療や介護ではもっともっと建て物、住空間がありようが決定的である。

そのうちにいじめ、引きこもり、家庭内暴力、境界線人格障害などの子どもが外来にどっとおしよせるようになった。表現型は異なるが、これらの子どもにも共通性があった。（1）（親が）子離れできていない、（2）母子密着と父親の子育て放棄（不参加）、（3）子どもの社会性の無さ……などである。少子時代だから、トータルでいえばわれわれの世代より、親は手をかけているし金もかけているのに、なぜだろうと思った。手をかけて甘やかして親が困難を代行してしまうからという見方が有力であった。私はそれだけではあるまいと思った。なぜなら、これら子どもたちの問題行動の根底に「自分の情動をコントロールする力の無さ」「現実と非現実を区別するカベの形成不全」が見えたからである。これは〈抱きかかえられている、甘やかされている〉のではなく、人が人になるために必要なトレーニングが、欠けているからだと思わざるを得なかった。そのトレーニングは多様であるが、中核は、かつて、近隣社会――ことに近隣のギャングエイジ・グループが担っていたものである。家族に抱きかかえられるのではなく、家族外の群れ（子どもの群れ・近隣の群れ）に出立し、参入するベクトル無くして身につかないものである。

ここに至って近隣を見たとき、子どもが参入し試行錯誤しながら、ヒト化の基礎訓練を受けるべき群れが無くなっていることに気づいた。

大人たちは、そのような群れを援助する時間的・経済的ゆとりを失っているばかりか、一層近隣付き合いを拒否する住まい方を選びつつある。それは、今の大人たちが悪いのではない。彼らは、いそがしすぎバテバテで、そのゆとりがないからである。同様、昔の大人は偉かったのではない。昔は、子沢山で貧しく、そして今ほど時間に切り刻まれない生活があったからに過ぎない。

しかし、「子育ち」がミッシングリンクならば、子どもの歪みはますばかりである。今も、毎日のように、子どもが母や弟妹焼き殺し……などという事件が起こっている。本能的な凶悪さを抑えれないのは、自分の衝動をコントロール出来ないということは、ヒトが退行しているのではなく、動物として退化している姿に他ならない。

かつて人を狂わせた「住まい方」は、いまや人間を退化させているのである。

なんと悲しい時代を迎えたものかな！　と思う。動物の種として考えたところ、少子化は種の滅びのサインである。これも憂うべきことである。しかしながら、少子時代なら、それなりに、少子をたくましくヒト化・社会的存在化する手立てを伴わなければなるまい。昔と同じ近隣を再形成することは無理であろう。それでも、近隣は、子どもがヒト化するための試行錯誤が出来る今風の集団を工夫する必要があろう。あるいは、もう少し大きな単位でヒト化がすくすく進むような選択肢の多い集団トレーニングを代替として持つ責任があろう。少なくとも小学校区ごとに必要であろうと思う。

今のままでは、情動面や意志の面で欠陥を抱えた子どもが次々と育ち大人になっていくのである。それは亡国への道につながっている。

「自分のことは自分で決められる――決めたことが裏目に出てもじっと耐えられる。」

「相手の立場に立って物を考えられる。」

「冷静にディベート出来る。」

この三つは私が考えた、健全な子どもの定義である。最小限要求でもある。

この三つが出来るような子育て―子育ちは、親の住まい方……親と近隣との関係にある。親の躾《しつけ》や学校教育だけでは不十分なのである。

そういう目で「居住すること」の重大さをもう一度見直してもらいたい。――それが私にこのブックレットを書かせた動機である。

二〇〇六年六月

著　者

おわりに（その2）

この夏、私は五〇人余の子どもとまったくの無人島でテント生活を送る機会に恵まれた（第8回森永「リトルエンゼル育成キャンペーン」無人島探検隊）。隊員の小三－六年生は全国応募した中から選ばれているのでお互いに初対面である。一二－一三人で班を構成しそこに男女一人ずつの二〇－三〇歳代のリーダーがつく。五泊六日、子どもたちはずっと同じ班・テントで生活をするのである。無人島（江仁屋離島・奄美、瀬戸内町）は船着場もない周囲三キロメートルほどの小島である。紺碧・緑・エメラルドの海に囲まれ、夜は満天の星・天の川がくっきりと見える。子どもにとってここでの生活は「いつもあるもの」が何にも無い生活である。電気が無い、TVも無い、ゲーム器も無い、タマゴッチも無い、ケータイも無い（あっても通じない）、困ると飛んでくる母もいない。住む家も無い。だから上陸して最初の仕事はみんなしてテントを建てることである。食べ物はある（水、食料はチャーター船が運んでくる）が食べられない。「かまど」を作り、ご飯を炊き、おかず、味噌汁を作らねばならない。食べたら鍋も自分の食器も洗わなくてはならない。水が乏しいので砂で磨き海水で洗う。トイレは掘った穴である。もちろん、楽しみもいっぱいである。シュノーケリング、珊瑚・熱帯魚観察、カヤック、本格的なロッククライミング、それらにはプロのインストラクターが複数ついている。それに班ごとに挑戦していくのである。この状況は私が本書の中で力説している「子育ち」の中でのミッシングリンク、ヘテロジーニアスな群れそのものである。見知らぬ子ども同士が、協力しないと生きていけない状況の中で、どのように反発し、協力し、その結果、一人ひとりの子どもがどのように成長していくかを見る、またとない「実験場」となっているのである。

好き勝手な行動をする子がいる、黙ったままの子、思ったままポンポンいう子、家へ帰りたいと泣き出す子がいる、まず班として共同行動をとるのが難しい。今の子供たちそのものである。それをリーダーたちが粘り強く話し合いをさせまとめていく。しかし、班としてのまとまりは話し合いだけではダメのようである。食事作りなどの共同行動が粘着剤になっているのが見ていてよくわかる。まとまりが出来てもそれに加わらない子が出てくる……一人打ち解けない子、ルール違反をする子、その子をどうするか。はじめは非難が集中するが、そのうち「内気なのだから……」と寄り添う子、「まだ幼いのだから……」とお兄ちゃん役をやる子が出てくる。こうなると班としてのまとまりが出てくる。寄り添った子は励まし、お兄ちゃん役の子は、規律を乱すとピシっと叱るようになる。このまま順調に行くかと思うとちょっとしたことをきっかけに一人ひとりが自我をむき出しにして班が崩れかかる。より一層深い話し合いが辛抱強く行われる。このときも救いになるのは「話し合いはいったん中止にして時間だから、とにかくご飯を炊こう」である。意見不一致のまま、ご飯作りという共同行動をとらねばならない。食事が終わってみると「さっきの言い合いは何だっけ……もういいや……」と班がまとまっているのである。キャンプも終わりに近づくと、カヤックのレースや班対抗のゲームが行われる。こうなると班の凝集力は一気に高まってくる。班の中でも配慮の効いた自己主張が出来るようになり、水をうっかりこぼすと「もったいない！」と皆からいわれるようになる。班ごとに見ると手を焼かせる「問題児」を抱えた班ほどまとまりが良くなり、その問題児も自我コントロールがかなり出来るようになる。成長するのである。お別れのときは、抱き合って、涙をこぼし、こちらもうっと、くるような光景が展開される。わずか五日間の共同の生活・労働・遊びの中で、たくさんの友達をつくり、一人ひとりが別人のようにたくましく成長していくのである。「おわりに（その1）」の中で私が「健康な子」として定義した三つを見事にクリアーしてしまうのである。この効果がいつまで続くのかはわからない。しかし、「今の子どもだって豊かに伸びていく力を秘めている」「伸びるためにはヘテロな群れがあって、その群れが行動・労働・遊びを共有し、それを見守る大人の目が必要だ」ということは証明された。そういう意味で私にとっても得がたい体験であったが、こういった無人島生活という極端な場面設定をしないと「豊かな子育て環境」を用意出来ない我が国の現状を考えると暗澹とならざるを得なかった。こんな体験をどの子も年一回はするのが当たり前という国に早くしたいものである。救いは五〇名の募集に対して毎年一万人を超す応募があることである。

二〇〇六年七月

著　者

参考・引用文献

マイケル・ハイム『仮想現実のメタフィジックス』（田畑暁生訳）岩波書店、一九九五年
香山リカ『いまどきの「常識」』岩波新書、二〇〇五年
中澤正夫『フツーの子の行方』三五館、一九九七年
中澤正夫『子どもの凶悪さのこころ分析』講談社＋α文庫、二〇〇一年
神野直彦『地域再生の経済学』中公新書、二〇〇二年
中沢孝夫『変わる商店街』岩波新書、二〇〇一年

「居住福祉ブックレット」刊行予定

☆既刊、以下続刊(刊行順不同、書名は仮題を含む)

☆１居住福祉資源発見の旅　早川　和男(長崎総合科学大学教授)
☆２どこへ行く住宅政策　本間　義人(法政大学教授)
☆３漢字の語源にみる居住福祉の思想　李　桓(長崎総合科学大学助教授)
☆４日本の居住政策と障害をもつ人　大本　圭野(東京経済大学教授)
☆５障害者・高齢者と麦の郷のこころ　伊藤静美・田中秀樹他(麦の郷)
☆６地場工務店とともに　山本　里見(全国健康住宅サミット会長)
☆７子どもの道くさ　水月　昭道(立命館大学研究員)
☆８居住福祉法学の構想　吉田　邦彦(北海道大学教授)
☆９奈良町《ならまち》の暮らしと福祉　黒田睦子(社)奈良まちづくりセンター副理事長)
☆10精神科医がめざす近隣力再建　中澤正夫(精神科医)
11住むことは生きること－住宅再建支援に取り組む　片山　善博(鳥取県知事)
12世界の借家人運動　高島　一夫(日本借地借家人連合)
13地域から発信する居住福祉　野口　定久(日本福祉大学教授)
14ウトロで居住の権利を闘う　斎藤　正樹＋ウトロ住民
15居住の権利－世界人権規約の視点から　熊野　勝之(弁護士)
16シックハウスへの挑戦－企業の取り組み　後藤三郎・迎田允武(健康住宅研究会)
17スウエーデンのシックハウス対策　早川　潤一(中部学院大学助教授)
18ホームレスから日本を見れば　ありむら潜(釜ヶ崎のまち再生フォーラム)
19私が目指した鷹巣町の居住福祉　岩川　徹(前秋田県鷹巣町長)
20沢内村の福祉活動－これまでとこれから　高橋　典成(ワークステーション湯田・沢内)
21農山漁村の居住福祉資源　上村　一(社会教育家・建築家)
22中山間地域と高齢者の住まい　金山　隆一(地域計画総合研究所長)
23居住福祉とジャーナリズム　神野　武美(朝日新聞記者)
24包括医療の時代－役割と実践例　坂本　敦司(自治医科大学教授)他
25健康と住居　入江　建久(新潟医療福祉大教授)
26居住福祉学への誘い　日本居住福祉学会編

(以下続刊)

著者紹介

中澤　正夫（なかざわ　まさお）

1937年、群馬県に生まれる。
1962年、群馬大学医学部卒業。
現　在、代々木病院精神科。
　　　　被爆者中央相談所理事。

主な著書

『フツーの子の行方』（三五館）、『子どもの凶悪さのこころ分析』（講談社＋α文庫）、『非効率化宣言』『精神科研修の覚書』『精神保健と看護のための100か条』（萌文社）、『ストレス善玉論』（角川文庫）、『凹の時代』『他人の中のわたし』『死の育て方』（筑摩文庫）、『なにぶん老人は初めてなもので』（柏書房）、『分裂病の生活臨床』（正・続　創造出版・共著）、『治せる精神科医との出会い方』（朝日新聞社）。

（居住福祉ブックレット10）

精神科医がめざす近隣力再建：進む「子育て」砂漠化、はびこる「付き合い拒否」症候群

2006年８月25日　　初　版　第１刷発行　　（検印省略）

＊定価は裏表紙に表示してあります

著者©中澤正夫　装幀 桂川潤　発行者 下田勝司　印刷・製本 ㈱カジャーレ

東京都文京区向丘1-20-6　郵便振替00110-6-37828
〒113-0023　TEL（03）3818-5521㈹　FAX（03）3818-5514　発行所 株式会社 東信堂
E-mail：tk203444@fsinet.or.jp

Published by **TOSHINDO PUBLISHING CO., LTD.**
1-20-6, Mukougaoka, Bunkyo-ku, Tokyo, 113-0023, Japan

http://www.toshindo-pub.com/

ISBN4-88713-708-7 C3336

「居住福祉ブックレット」刊行に際して

安全で安心できる居住は、人間生存の基盤であり、健康や福祉や社会の基礎であり、基本的人権であるという趣旨の「居住福祉」に関わる様々のテーマと視点――理論、思想、実践、ノウハウ、その他から、レベルは高度に保ちながら、多面的、具体的にやさしく述べ、研究者、市民、学生、行政官、実務家等に供するものです。高校生や市民の学習活動にも使われることを期待しています。単なる専門知識の開陳や研究成果の発表や実践報告、紹介等でなく、それらを前提にしながら、上記趣旨に関して、今一番社会に向かって言わねばならないことを本ブックレットに凝集していく予定です。

2006年３月

日本居住福祉学会
株式会社　東信堂

日本居住福祉学会のご案内

〔趣　　旨〕

人はすべてこの地球上で生きています。安心できる「居住」は生存•生活•福祉の基礎であり、基本的人権です。私たちの住む住居、居住地、地域、都市、農山漁村、国土などの居住環境そのものが、人々の安全で安心して生き、暮らす基盤に他なりません。

本学会は、「健康・福祉・文化環境」として子孫に受け継がれていく「居住福祉社会」の実現に必要な諸条件を、研究者、専門家、市民、行政等がともに調査研究し、これに資することを目的とします。

〔活動方針〕

(1)居住の現実から「住むこと」の意義を調査研究します。

(2)社会における様々な居住をめぐる問題の実態や「居住の権利」「居住福祉」実現に努力する地域を現地に訪ね、住民との交流を通じて、人権、生活、福祉、健康、発達、文化、社会環境等としての居住の条件とそれを可能にする居住福祉政策、まちづくりの実践等について調査研究します。

(3)国際的な居住福祉に関わる制度、政策、国民的取り組み等を調査研究し、連携します。

(4)居住福祉にかかわる諸課題の解決に向け、調査研究の成果を行政改革や政策形成に反映させるように努めます。

学会事務局

〒466－8666　名古屋市昭和区八事本町101－2
中京大学　総合政策学部
岡本研究室気付
TEL　052－835－7652
FAX　052－835－7197
E-mail：yokamoto@mecl.chukyo-u.ac.jp